Impressum
Verlag: BABADADA GmbH, Nedderfeld 112 , 22529 Hamburg
Geschäftsführer / Verlagsleitung: Harald Hof
Druck: Books on Demand GmbH, In de Tarpen 42, 22848 Norderstedt

Imprint
Publisher: BABADADA GmbH, Nedderfeld 112 , 22529 Hamburg, Germany
Managing Director / Publishing direction: Harald Hof
Print: Books on Demand GmbH, In de Tarpen 42, 22848 Norderstedt

scuola

isikole

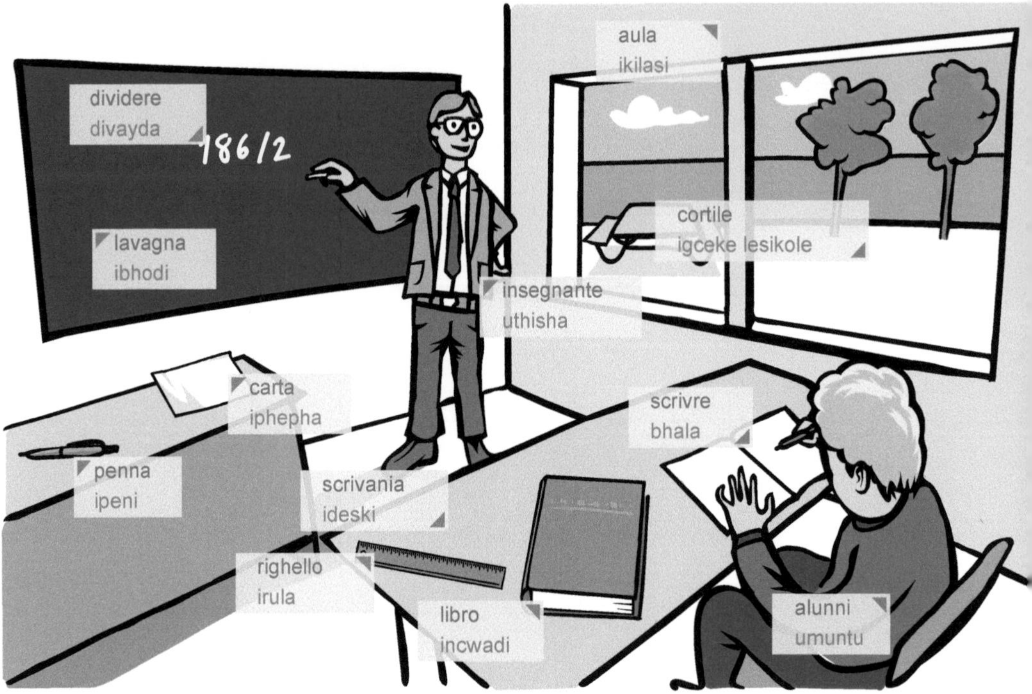

aula
ikilasi
dividere
divayda
186/2
cortile
igceke lesikole
lavagna
ibhodi
insegnante
uthisha
carta
iphepha
scrivre
bhala
penna
ipeni
scrivania
ideski
righello
irula
libro
incwadi
alunni
umuntu

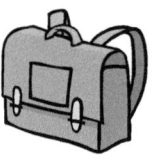

cartella

isikhwama

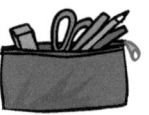

portapenne

isikwama sepeni

matita

ipensela

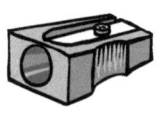

temperino

umshini wokulola

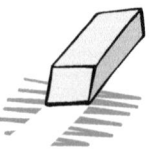

gomma

irabha

blocco da disegno

indawo yokudweba

disegno

ukudweba

pennelli

ibrashi lokupenda

scatola dei colori

ibhokisi lokupenda

forbici

isikelo

colla

inomfi

libro degli esercizi

incwadi yesikole

compiti

umsebenzi wasekhaya

numero

inamba

addizionare

hlanganisa

sottrarre

susa

moltiplicare

phindaphinda

calcolare

bala

lettera

incwadi

alfabeto

izinhlamvu zamagama

parola

igama

testo

umbhalo

leggere

funda

gesso

ushoki

lezione

isifundo

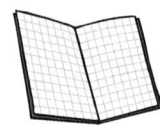

registro

bhalisa

esame

isivivinyo

pagella

isitifiketi

uniforme

iyunifomu yesikole

istruzione

imfundo

enciclopedia

i-encyclopedia

università

inyuvesi

microscopio

isibonakhulu

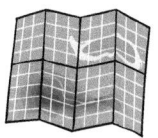

cartina

ibalazwe

cestino

ibhaskidi yokulahla
amaphepha

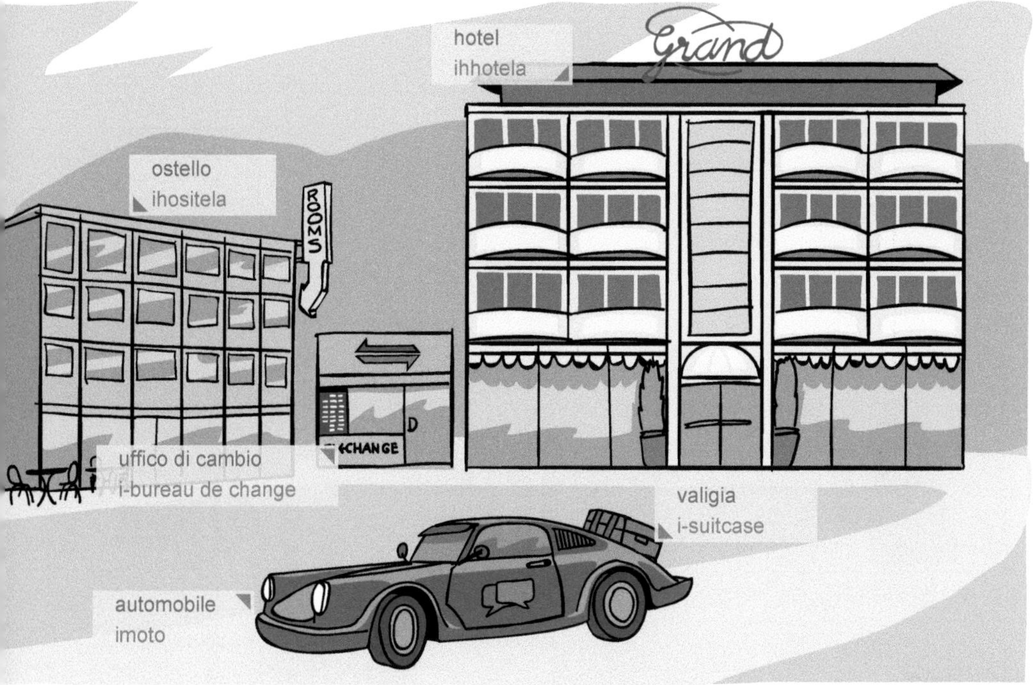

hotel
ihhotela
Grand
ostello
ihositela
ROOMS
uffico di cambio
i-bureau de change
valigia
i-suitcase
automobile
imoto

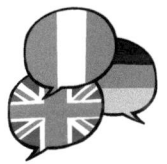

Lingua
ulimi

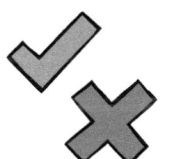

sì / no
yebo / cha

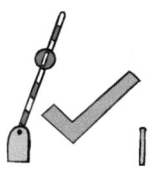

okay
kulungile

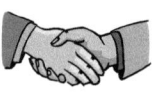

ciao
sawubona

interprete
umhumushi

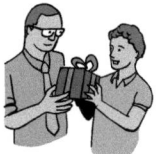

Grazie
Ngiyabonga

Quanto costa...?

iyimalini i...?

Non capisco

angiqondi

problema

inkinga

buona sera

Intambama enhle!

Buongiorno!

Sawubona!

Buonanotte!

Ulale kahle!

arrivederci

bye bye

direzione

isiqondiso

bagagli

izikhwama

borsa

isikhwama

zaino

ubhakha

ospite

isivakashi

camera

igumbi

sacco a pelo

isikhwama sokulala

tenda

ithende

Informazioni

imininingwane yamathoristi

spiaggia

ulwandle

carta di credito

ikhadi lesikweletu

colazione

ukudla kwasekuseni

pranzo

ukudla kwasemini

cena

ukudla kwasebusuku

biglietto

ithikithi

ascensore

i-lift

francobollo

isitembu

confine

ibhoda

dogana

amasiko

ambasciata

inxusa

visto

ivisa

passaporto

iphasiphothi

trasporto
izinto zokuhamba

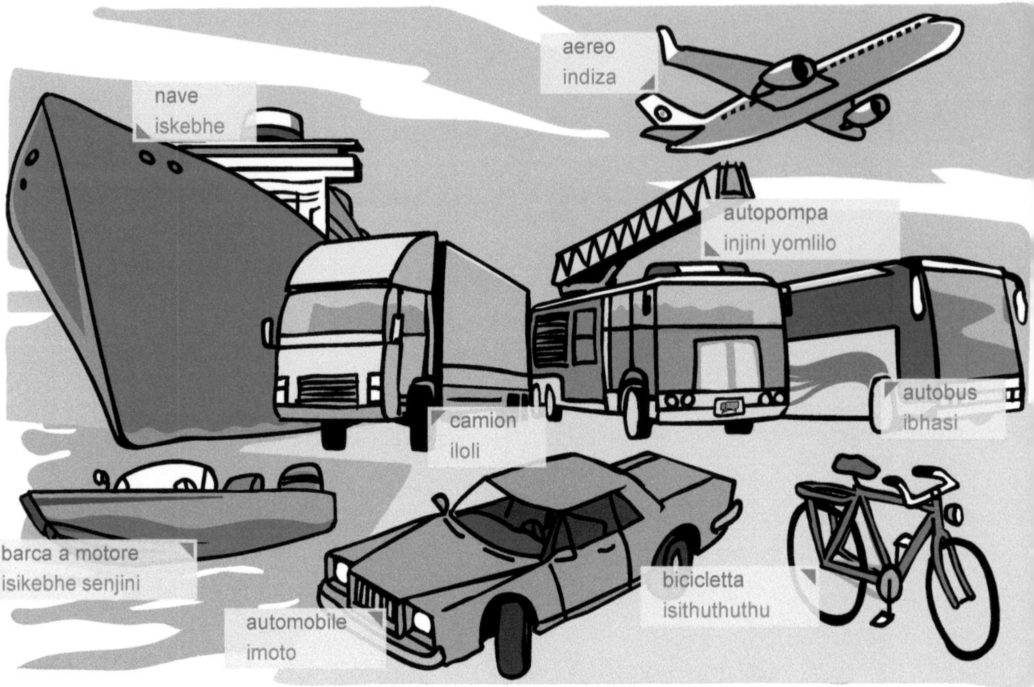
aereo
indiza
nave
iskebhe
autopompa
injini yomlilo
autobus
ibhasi
camion
iloli
barca a motore
isikebhe senjini
bicicletta
isithuthuthu
automobile
imoto

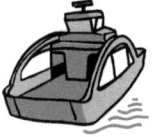

traghetto
isikebhe

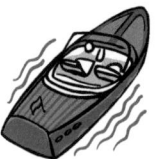

barca
isikebhe

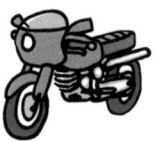

motocicletta
isithuthuthu

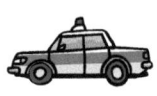

auto della polizia
imoto yamaphoyisa

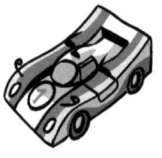

auto da corsa
imoto ejahayo

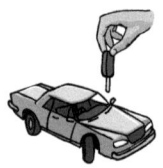

auto a noleggio
imoto eqashiwe

carsharing

ukurenta imoto

carro attrezzi

iloli eliphukile

camion della nettezza urbana

ithrakhi

motore

injini

benzina

amafutha

benzinaio

indawo yokuthela uphethiloli

cartello stradale

uphawu lwethrafikhi

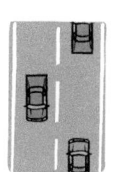

traffico

ithrafikhi

ingorgo

ithrafikhi enkulu

parcheggio

indawo yokupaka izimoto

stazione

isitashi sesitimela

binari

amaloli

treno

isitimela

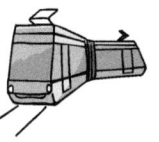

tram

ithilamu

vagone

inqola

elicottero

ihelikhoptha

aeroporto

isikhungo sezindiza

torre di controllo

umphongolo

passeggero

iphasenja

container

ikhonteyna

cartone

ikhathoni

carretto

inqola

cestino

ubhasikidi

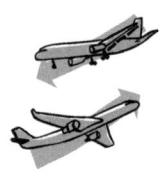

decollare / atterrare

ukusuka / ukwehla

città

idolobha

paese

isigodi

centro

i-city centre

casa

indlu

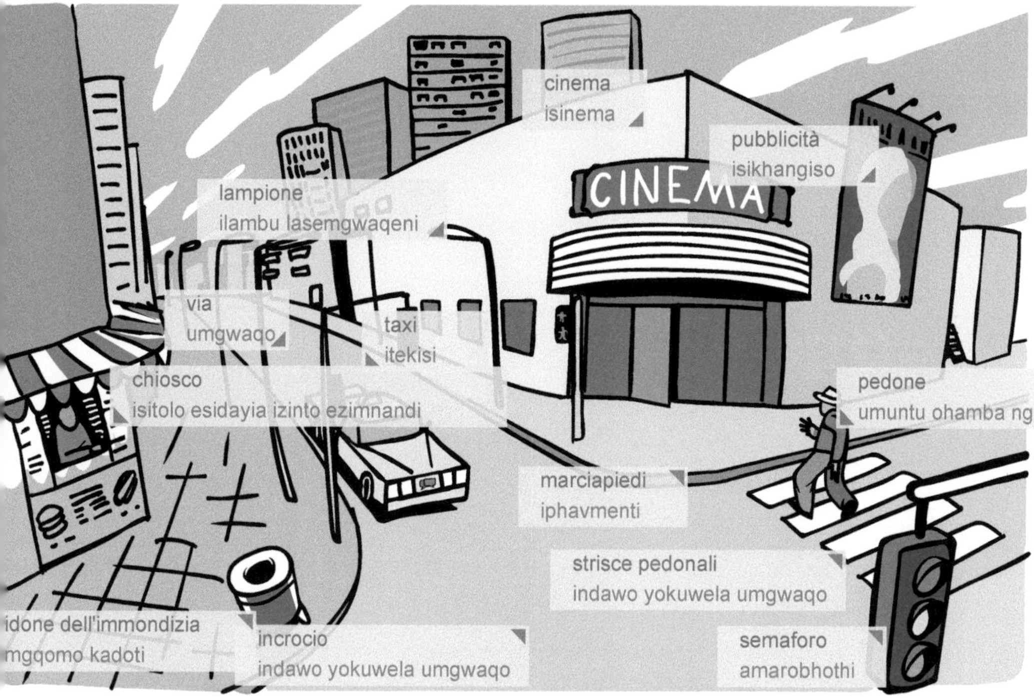

CINEMA
cinema
isinema
pubblicità
isikhangiso
lampione
ilambu lasemgwaqeni
via
umgwaqo
taxi
itekisi
chiosco
isitolo esidayia izinto ezimnandi
pedone
umuntu ohamba nge
marciapiedi
iphavmenti
strisce pedonali
indawo yokuwela umgwaqo
idone dell'immondizia
mgqomo kadoti
incrocio
indawo yokuwela umgwaqo
semaforo
amarobhothi

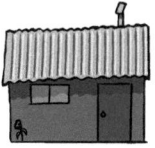

capanna

indlu yodaka

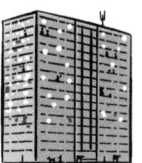

appartamento

i-flat

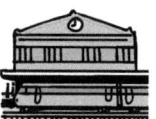

stazione

isitashi sesitimela

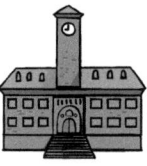

municipio

i-town hall

MUSEUM
museo

imuzilemu

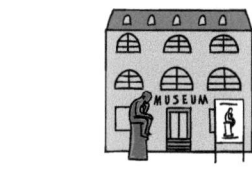

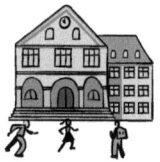

scuola

isikole

università
inyuvesi

banca
ibhange

ospedale
isibhedlela

hotel
ihhotela

farmacia
ikhemisi

uffico
i-ofisi

libreria
isitolo sezincwadi

negozio
esitolo

fioraio
istolo sezimbali

supermercato
emakethe enkulu

mercato
imakethe

grande magazzino
isitolo somnyango

pescheria
i-fishmonger's

centro commerciale
isikhungo sezitolo

porto
isikhungo semikhumbi

parco
ipaki

panchina
ibhentshi

ponte
ibhuloho

scale
izitezi

metropolitana
ngaphansi komhlaba

galleria
umhubhe

fermata dell'autobus
istobhu sebhasi

bar
i-bar

ristorante
isitolo sokudlela

cassetta delle lettere
eposini

segnale stradale
uphawu lwasemgwaqeni

parchimetro
umshini wokukhokhela
ukupaka

zoo
esiqiwini

piscina
indawo yokubhukuda

moschea
i-mosque

fattoria

ifamu

inquinamento

ukungcola

cimitero

amagcwaba

chiesa

isonto

parco giochi

igrawundi lokudlala

tempio

ithempeli

paesaggio
ingadi

foglia
icembe

cartello
mpambano mgwaqo

strada
indlela

prato
idlelo

pietra
itshe

albero
isihlahla

escursionista
umqwali wezintaba

fiume
umfula

erba
utshani

fiore
imbali

valle

isigodi

collina

intaba

lago

ichibi

bosco

ihlathi

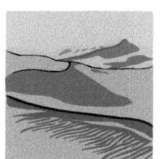

deserto

ogwadule

vulcano

intaba mlilo

castello

isigodlo

arcobaleno

uthingo

fungo

ikhowe

palma

isihlahla sesundu

zanzara

umiyane

mosca

ukundiza

formica

intuthwane

ape

inyosi

ragno

isicabucabu

coleottero

ibhungane

rana

ixoxo

scoiattolo

i-squirrel

riccio

i-hedgehog

coniglio

unogwaja

civetta

isikhova

uccello

izinyoni

cigno

idada

cinghiale

intibane

cervo

inyamazane

alce

i-moose

diga di sbarramento

idamu

turbina eolica

i-wind turbine

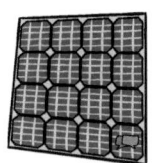

pannello solare

i-solar panel

clima

isimo sezulu

ristorante
isitolo sokudlela

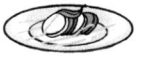

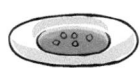

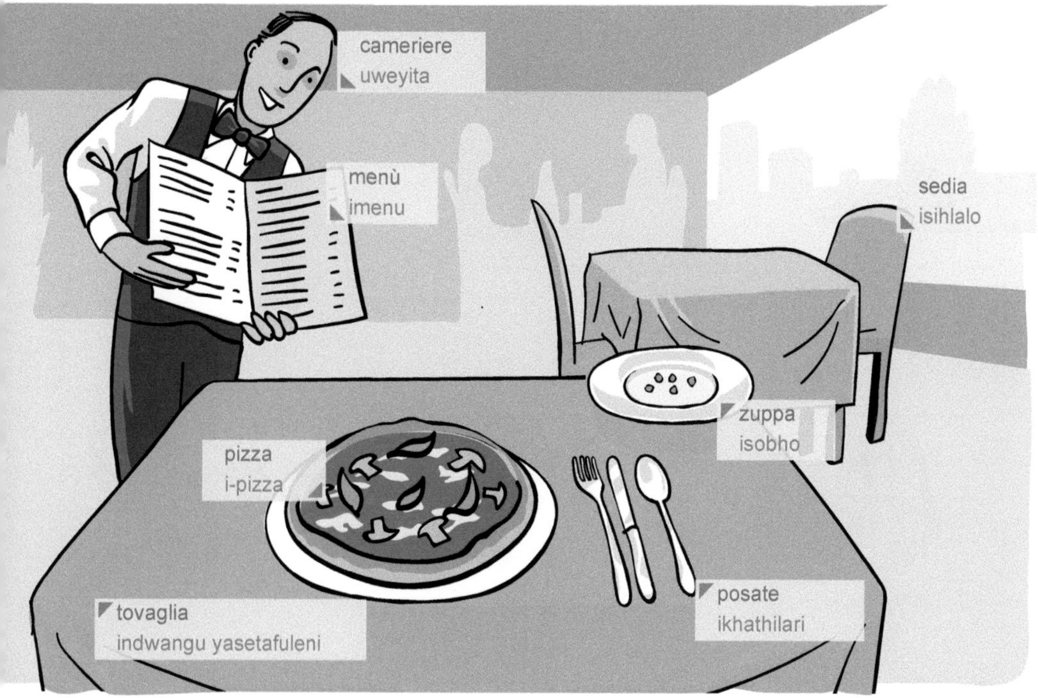
cameriere
uweyita
menù
imenu
sedia
isihlalo
zuppa
isobho
pizza
i-pizza
tovaglia
indwangu yasetafuleni
posate
ikhathilari

antipasto
ukudla okulula

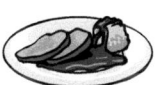

piatto principale
isidlo

dessert
idizethi

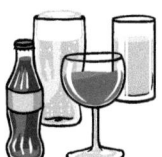

bevande
iziphuzo

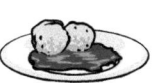

cibo
ukudla

bottiglia
ibhodlela

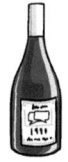

fast food

ukudla okulula

cibo di strada

ukudla okudayiswa
emgwaqeni

teiera

ithiphothi

zuccheriera

isitsha sikashukela

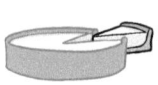

porzione

ingxenye

macchina del caffè

umshini we-ekspreso

seggiolone

isitulo esiphezulu

fattura

izindleko

vassoio

ithreyi

coltello

ummese

forchetta

imfologo

cucchiaio

ispuni

cucchiaino da tè

ithispuni

tovagliolo

indawo yokusula umlomo

bicchiere

igilasi

piatto

ipuleti

piatto fondo

ipuleti lesobho

piattino

isoso

salsa

isosi

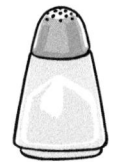

saliera

isitsha sasawoti

macinino da pepe

isitsha sephepha

aceto

uviniga

olio

amafutha

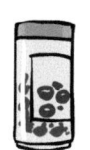

spezie

izinongo

ketch up

isosi yetamatisi

senape

isosi yesinaphi

maionese

imayonesi

supermercato

emakethe enkulu

offerta
amanani akhethekile
FOR
cliente
ikhasimende
latticini
ukudla okwenziwe ngobisi
frutta
isithelo
carrello della spesa
ithroli

BUTCHERS

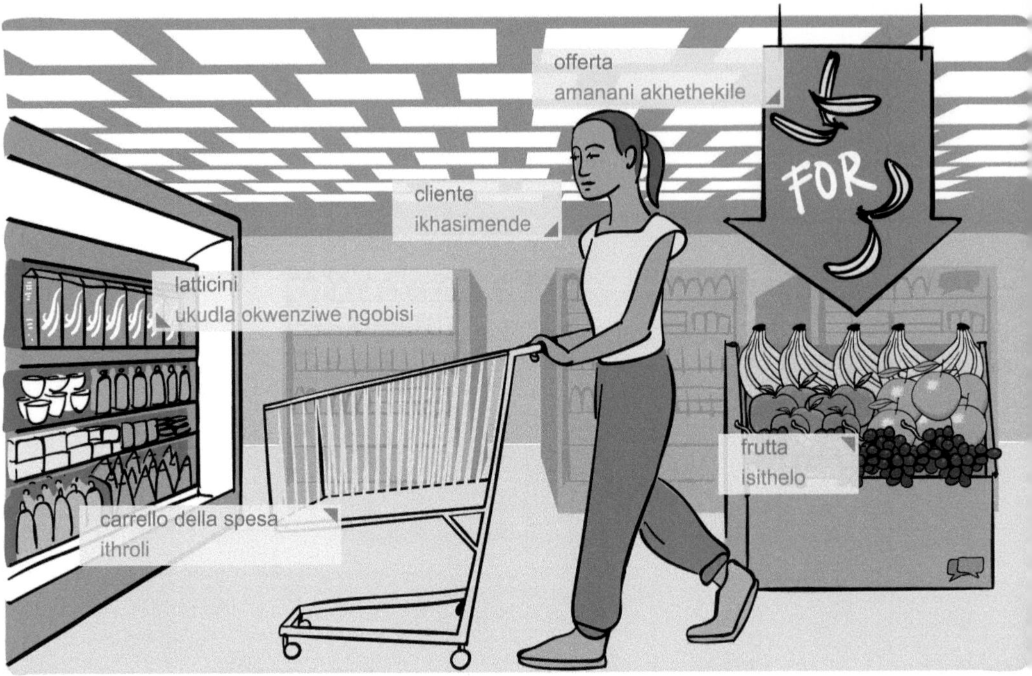

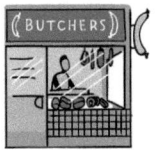

macelleria

ebhusha

BAKERY

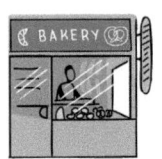

panetteria

isitolo esidayisa isinkwa

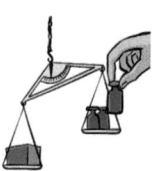

pesare

kala

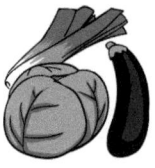

verdura

amaveji

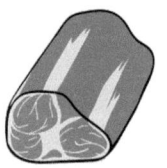

carne

inyama

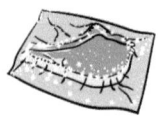

surgelati

ukudla okubandayo

affettato

inyama ebandayo

conserve

ukudla okusethinini

detersivo

insipho yokuwasha
enguphawuda

dolciumi

oswidi

casalinghi

izinto zasendlini

detersivo

izinto zokuhlanza

commessa

umuntu odayisayo

cassa

ithili

cassiere

umbali wemali

lista della spesa

izinto okumelwe zithengwe

orari d'apertura

amahora okuvula

portafoglio

uwolethi

carta di credito

ikhadi lesikweletu

sacchetto

isikhwama

sacchetto di plastica

isikwama sepulastiki

acqua

amanzi

succo di frutta

ijusi

latte

ubisi

coca-cola

i-coke

vino

iwayini

birra

ubhiya

alcol

utshwala

cacao

i-cocoa

tè

itiye

caffè

ikhofi

espresso

i-ekspreso

cappuccino

ikhaphachino

banana

ubhanana

mela

i-apula

arancio

i-olintshi

melone

ikhabe

limone

ulamula

carota

ukherothi

aglio

ugaligi

bambù

umhlanga

cipolla

u-anyanisi

fungo

ikhowe

noci

amakinati

pasta

ama-noodle

spaghetti

isipagethi

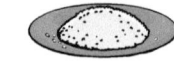

riso

iraysi

insalata

isaladi

patatine fritte

ama-chips

patatine fritte

amazambane athosiwe

pizza

i-pizza

hamburger

ibhega

sandwich

isendiwichi

cotoletta

inyama engenathambo

prosciutto

ham

salame

salami

salsiccia

isoseji

pollo

inkukhu

arrosto

yosiwe

pesce

inhlanzi

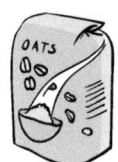

fiocchi di avena

iphalishi le-oats

muesli

i-muesli

corn flakes

ama-cornflakes

farina

uflulawa

croissant

i-croissant

panino

isinkwa esiyiroli

pane

isinkwa

toast

i-toast

biscotti

amabhiskidi

burro

ibhotela

quark

i-curd

torta

ikhekhe

uovo

iqanda

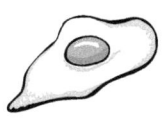

uovo al tegamino

iqanda elithosiwe

formaggio

ushizi

gelato

i-ice cream

zucchero

ushukela

miele

uju

marmellata

ujamu

crema gianduia

ispredi sikashokholedi

curry

isitshulu

fattoria
ifamu

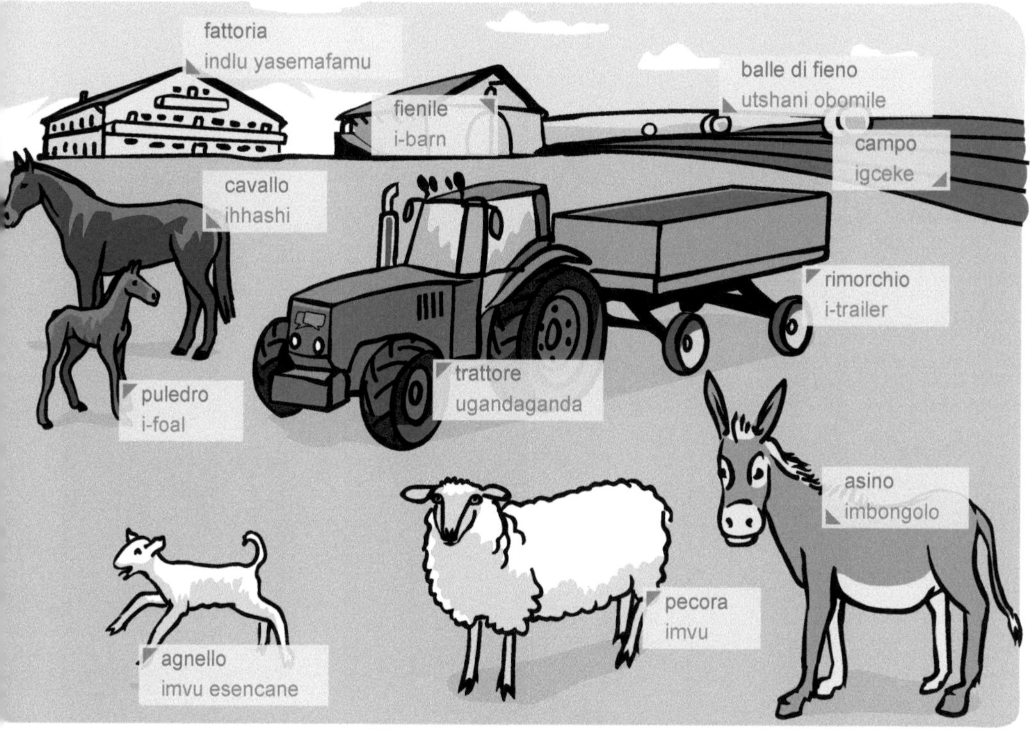
fattoria
indlu yasemafamu
fienile
i-barn
balle di fieno
utshani obomile
campo
igceke
cavallo
ihhashi
rimorchio
i-trailer
trattore
ugandaganda
puledro
i-foal
asino
imbongolo
pecora
imvu
agnello
imvu esencane

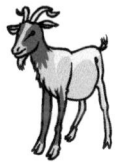

capra

imbuzi

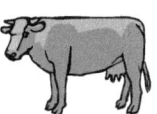

mucca

inkomo

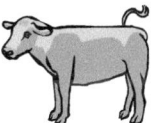

vitello

ithole

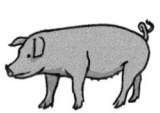

maiale

ingulube

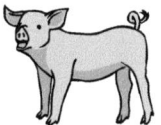

porcellino

ingulube esencane

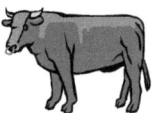

toro

inkunzi

oca

ihansi

anatra

idada

pulcino

ichwane

gallina

isikhukhukazi

gallo

iqhude

ratto

igundwane

gatto

ikati

topo

igundwane

bue

inkabi

cane

inja

cuccia

indlu yenja

tubo d'irrigazione

ipayipi lokunisela

annaffiatoio

ikani lokunisela

falce

ucelemba

aratro

igeja

falce

isikela

zappa

ukhuba

forcone

imfoloko

accetta

imbazo

cariola

ibhala

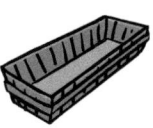

trogolo

umkhombe

contenitore del latte

ubusi olusekanini

sacco

isaka

recinto

ifensi

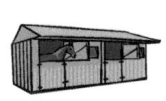

stalla

esitebhilini

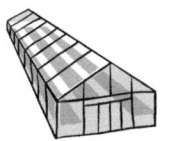

serra

i-greenhouse

terreno

inhlabathi

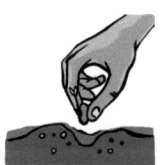

semina

imbewu

fertilizzante

umanyolo

trebbiatrice

ukuvuna okuhlanganisiwe

raccogliere

vuna

raccolto

isivuno

igname

ama-yam

frumento

ukolweni

soia

umbhontshisi

patate

amazambane

mais

ummbila

colza

i-rapeseed

albero da frutta

isihlahla sezithelo

manioca

umdumbula

cereali

amasiriyeli

casa
indlu

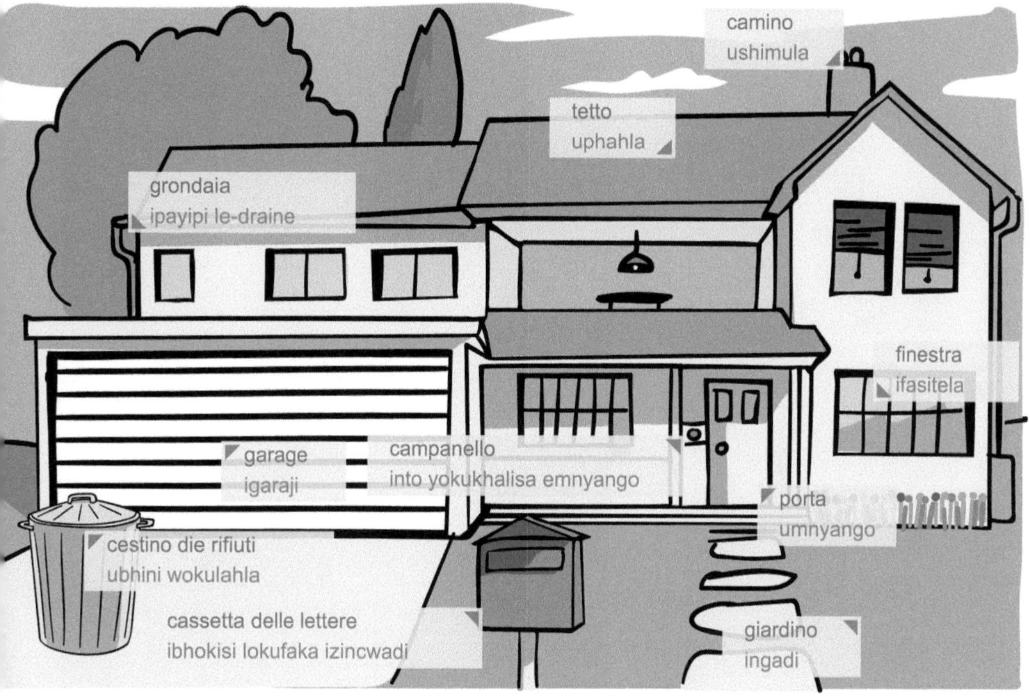
camino
ushimula
tetto
uphahla
grondaia
ipayipi le-draine
finestra
ifasitela
garage
igaraji
campanello
into yokukhalisa emnyango
porta
umnyango
cestino die rifiuti
ubhini wokulahla
cassetta delle lettere
ibhokisi lokufaka izincwadi
giardino
ingadi

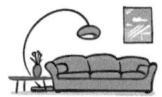

soggiorno

igumbi lokuhlala

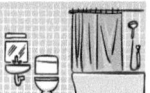

bagno

igumbi lokugeza

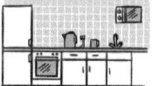

cucina

ikhishi

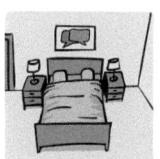

camera da letto

igumbi lokulala

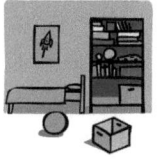

stanza dei bambini

igumbi lezingane

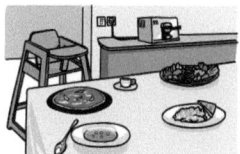

sala da pranzo

igumbi lokudlela

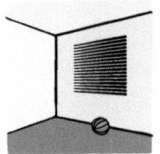

pavimento

phansi

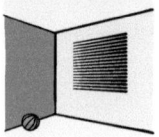

parete

udonga

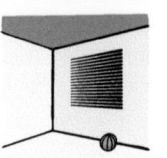

coperta

usilingi

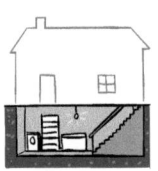

cantina

i-cella

sauna

i-sauna

balcone

ibhalconi

terrazza

i-terrace

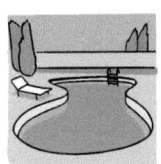

piscina

iphuli

tosaerba

umshin wokugunda utshani

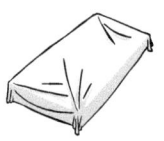

lenzuola

ishidi

coperta

ingubo yokulala

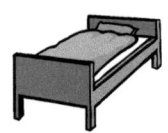

letto

umbhede

scopa

umshanelo

cestino

ibhakede

interruttore

i-switch

soggiorno
igumbi lokuhlala

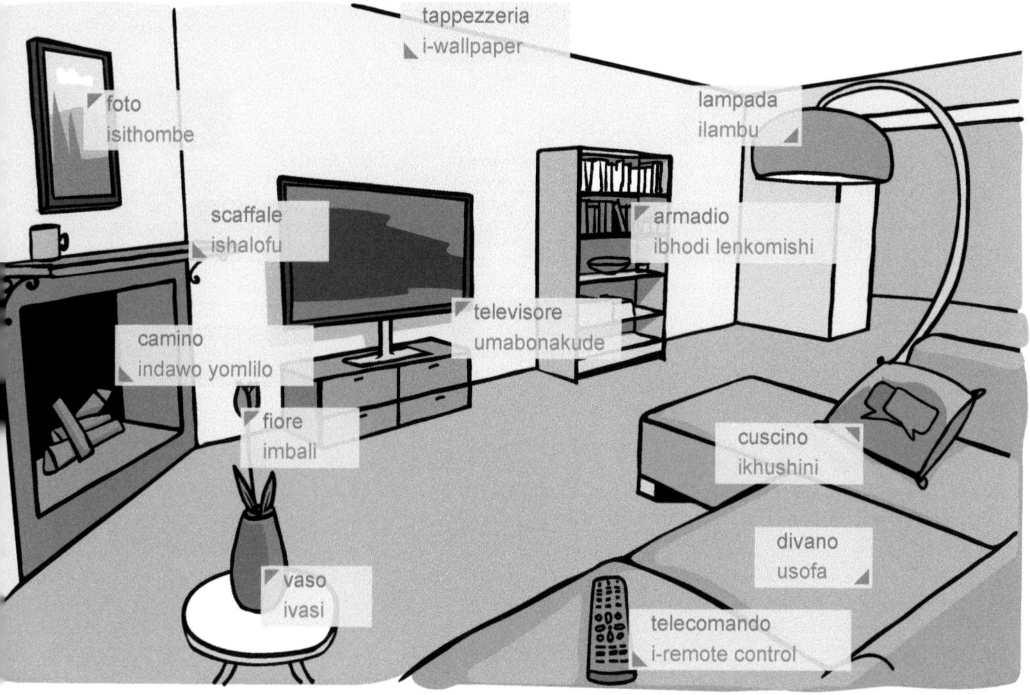
tappezzeria
i-wallpaper
foto
isithombe
lampada
ilambu
scaffale
ishalofu
armadio
ibhodi lenkomishi
televisore
umabonakude
camino
indawo yomlilo
fiore
imbali
cuscino
ikhushini
divano
usofa
vaso
ivasi
telecomando
i-remote control

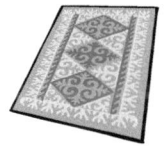

tappeto
ukhaphethe

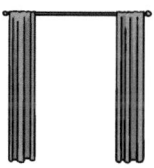

tenda
ikhethini

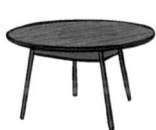

tavolo
itafula

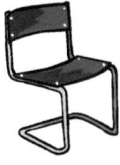

sedia
isihlalo

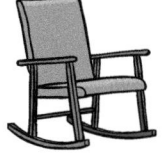

sedia a dondolo
isihlalo esinyakazayo

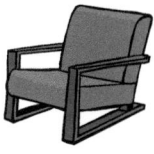

poltrona
isihlalo esingangengalo

libro

incwadi

coperta

ingubo

decorazione

ukuhlobisa

legna da ardere

izinkuni zokubasa

film

ifilimu

impianto stereo

izinto ze-hi-fi

chiavi

ukhiye

quotidiano

iphephandaba

dipinto

ukupenda

poster

iphosta

radio

umsakazo

taccuino

i-notepad

aspirapolvere

ihuva

cactus

i-cactus

candela

ikhandlela

cucina
ikhishi

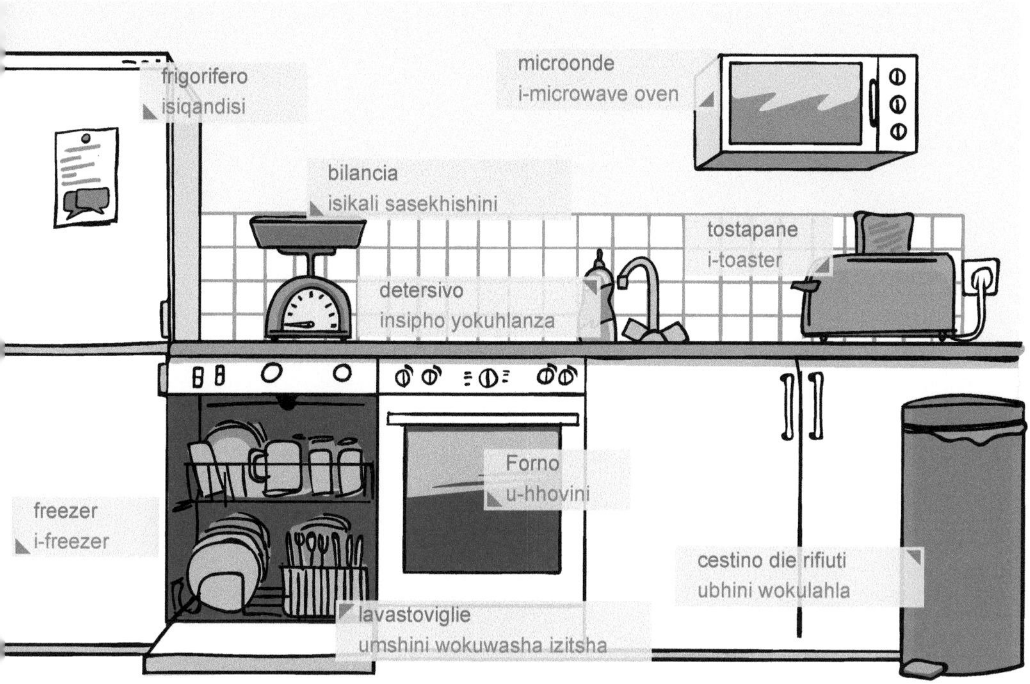

frigorifero
isiqandisi
microonde
i-microwave oven
bilancia
isikali sasekhishini
tostapane
i-toaster
detersivo
insipho yokuhlanza
Forno
u-hhovini
freezer
i-freezer
cestino die rifiuti
ubhini wokulahla
lavastoviglie
umshini wokuwasha izitsha

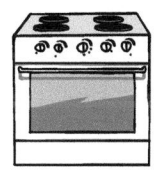

fornello
umshini wokupheka

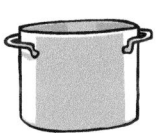

pentola
ibhodwe

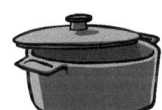

padella di ferro
ibhodwe le-cast iron

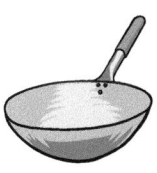

wok / kadai
i-wok / kadai

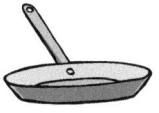

padella di ferro
ipani

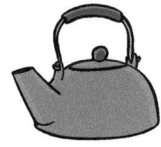

bollitore per l'acqua
iketela

Forno a vapore

i-steamer

teglia

ithreyi lokubhaka

stoviglie

izitsha zokudla

tazza

imaki

buccia

isitsha

bacchette

izinti zendwangu

mestolo

isixembe sokuphaka

paletta da cucina

ispathula

frusta

i-whisk

scolapasta

i-strainer

setaccio

isisefo

grattuggia formaggio

igretha

mortaio

isitsha sodaka

barbecue

i-barbecue

focolare

umlilo

tagliere

ibhodi lokuqoba

mattarello

ipini lokurola

cavatappi

iskrew

lattina

ikani

apriscatole

into yokuvula ikani

presina

indwangu yokubamba ibhodwe

lavandino

usinki

spazzola

i-brush

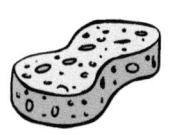

spugna

isiponji

frullatore

ibhlenda

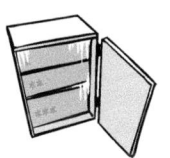

congelatore

i-deep freezer

biberon

ibhodlela lengane

rubinetto

umpompi

bagno
igumbi lokugeza

riscaldamento
isifudumezo
doccia
ishawa
asciugamani
ithawula
tendina da doccia
ikhethini leshawa
bagnoschiuma
insipho yokugeza eyenza amagwebu
vasca
ubhavu
bicchiere
igilasi
lavatrice
umshini wokuwasha
rubinetto
umpompi
piastrelle
amathayizi
vasino
ithoylethi lezingane
lavandino
usinki

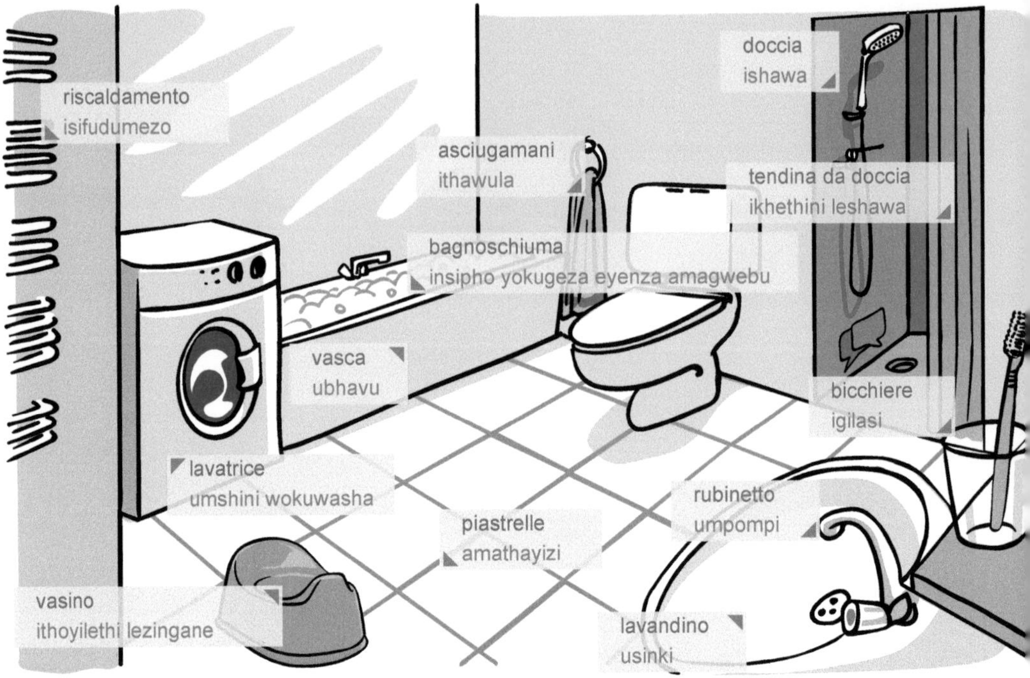

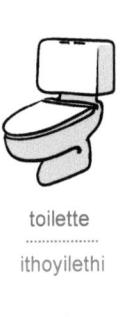

toilette

ithoyilethi

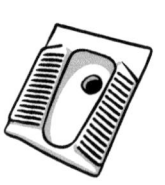

urinatoio turco

ithoyilethi oqoshama kuyo

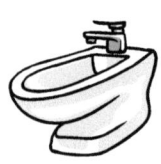

bidet

ithoyilethi le-bidet

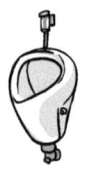

urinatoio

ithoyilethi lokuchama labesilisa

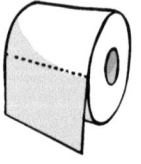

carta igienica

iphepha lasethoyilethi

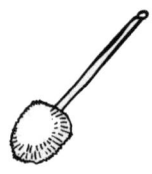

spazzola da water

ibhrashi lasethoyilethi

spazzolino da denti

ibhrashi lamazinyo

dentifricio

insipho yamazinyo

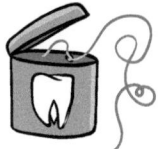

filo interdentale

into yokuvungula

lavare

washa

doccetta

ishawa ebanjwa ngesandla

doccia intima

uchatho

bacinella

u-basini

spazzola da bagno

ibrashi lomhlane

sapone

insipho

gel da doccia

ijeli yeshawa

shampoo

ishampu

manopola

ishethi lesikoshi

scarico

i-drain

crema

ukhilimu

deodorante

into yokugcoba
amakhwapha

specchio

isibuko

specchio

isibuko esiphathwa
ngesandla

rasoio

ireyza

schiuma da barba

igwebu lokushefa

dopobarba

umuthi ogcotshwa ngemva
kokushefa

pettine

ikama

spazzola

ibhrashi

fon

into yokomisa izinwele

lacca

ispreyi sezinwele

make up

i-makeup

rossetto

into yokugcoba umlomo

smalto

into yokususa upende
wezinzipho

ovatta

uwuli kakotini

forbice per unghie

isikelo sezinzipho

profumo

isigqolo

borsetta da bagno

isikhwama sezinto
zokugeza

sgabello

isitulo

bilancia

isikali

accappatoio

ingubo yokugeza

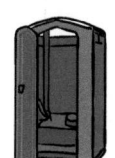

guanti

amagilavu erabha

assorbente

ithemponi

assorbenti

iphedi yasesikhathini

bagno chimico

ithoyilethi lekhemikhali

stanza dei bambini
igumbi lezingane

sveglia
i-alamu yewashi elichonywayo
peluche
ithoyizi lokudlala
automobilina
imoto eyithoyizi
sonaglio
i-rattle
casa delle bambole
indlu kanodoli
regalo
isiphongo

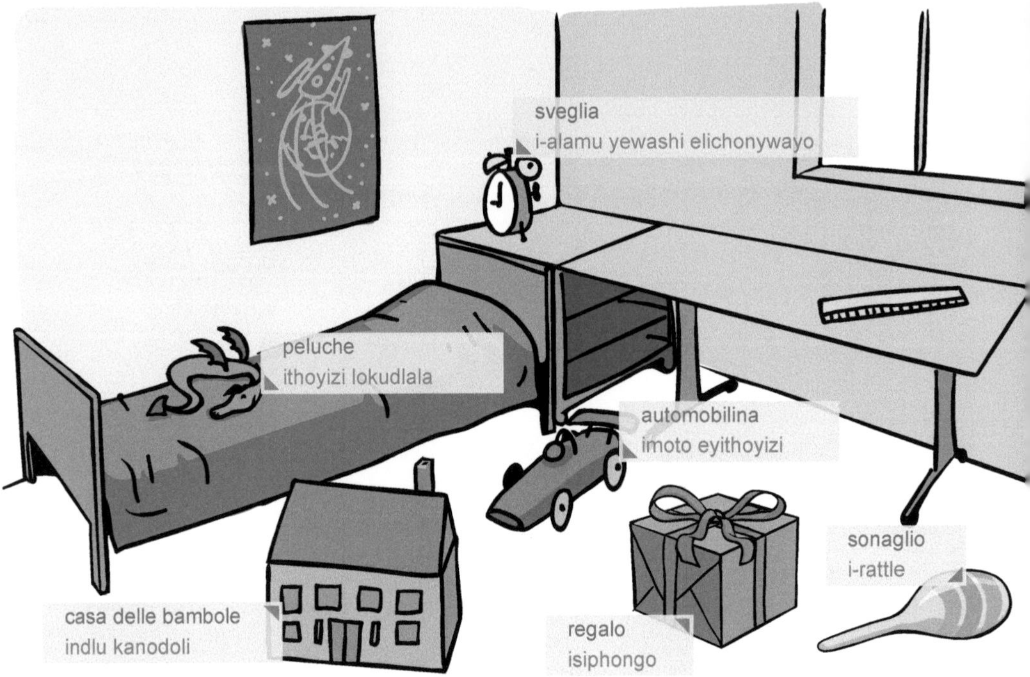

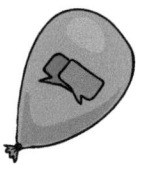

palloncino

ibhaluni

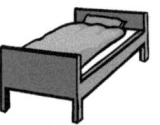

letto

umbhede

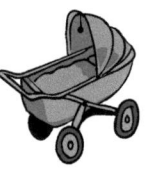

passeggino

iphremu

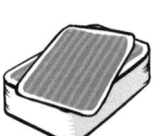

mazzo di carte

amakhadi

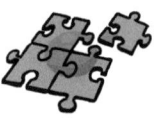

puzzle

i-jigsaw

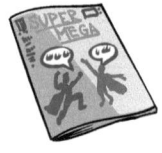

comic

indaba edwetshiwe

lego

amabrick elego

mattoncini

amabhuloksi okwakha

action figure

unodoli weqhawe

tutina

izimpahla zezingane

frisbee

i-frisbee

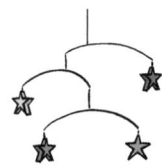

giostrina

amathoyizi ezingane alengayo

gioco da tavolo

ibhodi lokudlala igemu

dadi

idayisi

trenino

isethi yesitimela

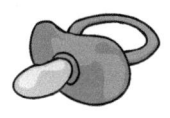

ciuccio

idemu

festa

iphathi

libro illustrato

incwadi yezithombe

palla

ibhola

bambola

unodoli

giocare

dlala

sabbiera

umgodi wenhlabathi

altalena

uzwinki

giocattolo

amathoyizi

console

umshini wamavidiyo geymu

triciclo

ibhayisikili elinemasondo
amathathu

orsetto

uthedibhe

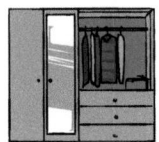

guardaroba

u-wardrobe

vestiti

izimpahla

calzini

amasokisi

calze

amastokhingi

collant

amathayithi

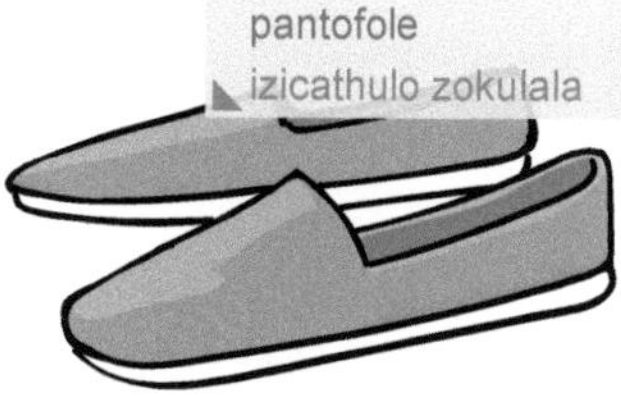

sciarpa
isikhafu

ombrello
i-amburela

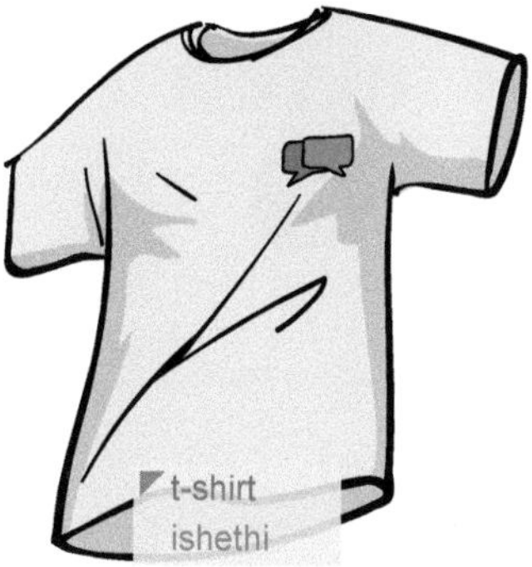

t-shirt
ishethi

cintura
ibhande

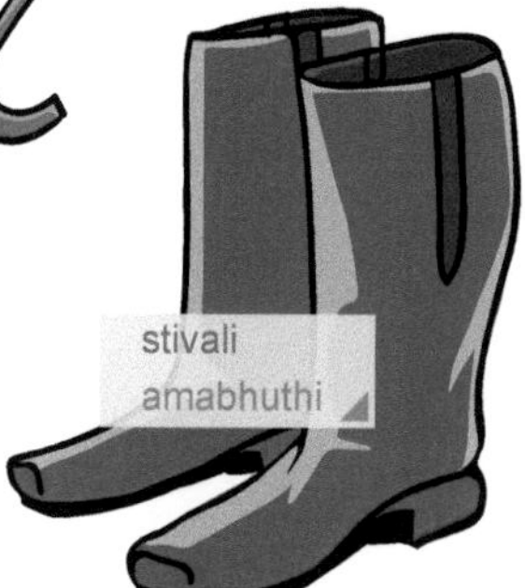

stivali
amabhuthi

pantofole
izicathulo zokulala

sneakers
abaqeqeshi

sandali
amasandali

scarpe
izicathulo

stivali di gomma
amabhuthi erabha

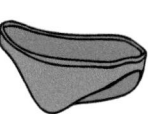

mutande
iphenti

reggiseno
u-bra

canottiera
ivesti

body

umzimba

pantaloni

amabhulukwe

jeans

amajini

gonna

isiketi

camicetta

isikibha

camicia

ishethi

pullover

ijezi elinezigqoko

felpa

i-hoodie

giacca

ibhuleyiza

giacca

ijakhethi

cappotto

ijazi

impermeabile

i-raincoat

tailleur

ikhosyumu

abito

ingubo

abito da sposa

ingubo yomshado

abito (da uomo)

isudu

camicia da notte

ingubo yokulala

pigiama

amaphijama

sari

ingubo yesari

foulard

isikhafu

turbante

isigqoko se-turban

burka

ibhukha

kaftano

ingubo yekaftani

abaya

abaya

costume da bagno

impahla yokubhukuda

costume da bagno
(maschile)

amathranki

pantaloncini

isikhindi

tuta da ginnastica

i-tracksuit

grembiule

ingubo yokupheka

guanti

amagilavu

bottone

ibhathini

occhiali

izibuko

braccialetto

ibhengela

collana

umgexo

anello

indandatho

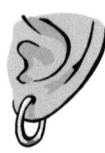

orecchino

amacici

berretto

ikepisi

appendiabiti

into yokuhenga ijazi

cappello

isigqoko

cravatta

uthayi

zip

uziphu

casco

ihelmethi

bretelle

ama-braces

uniforme

iyunifomu yesikole

uniforme

iyunifomu

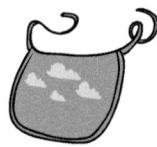

bavaglino

ibhayi lengane

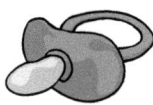

ciuccio

idemu

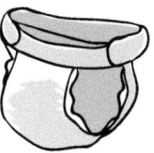

pannolini

inabukeni

uffico

i-ofisi

server
iseva
armadio per le pratiche
ikhabethe lamafayela
carta
iphepha
stampante
umshin wokuphrinta
monitor
imonitha
mouse
imawusi
scrivania
ideski
raccoglitore
ifolda
tastiera
ikhibhodi
estino
haskidi yokulahla amaphepha
sedia
isihlalo
computer
ikhompyutha

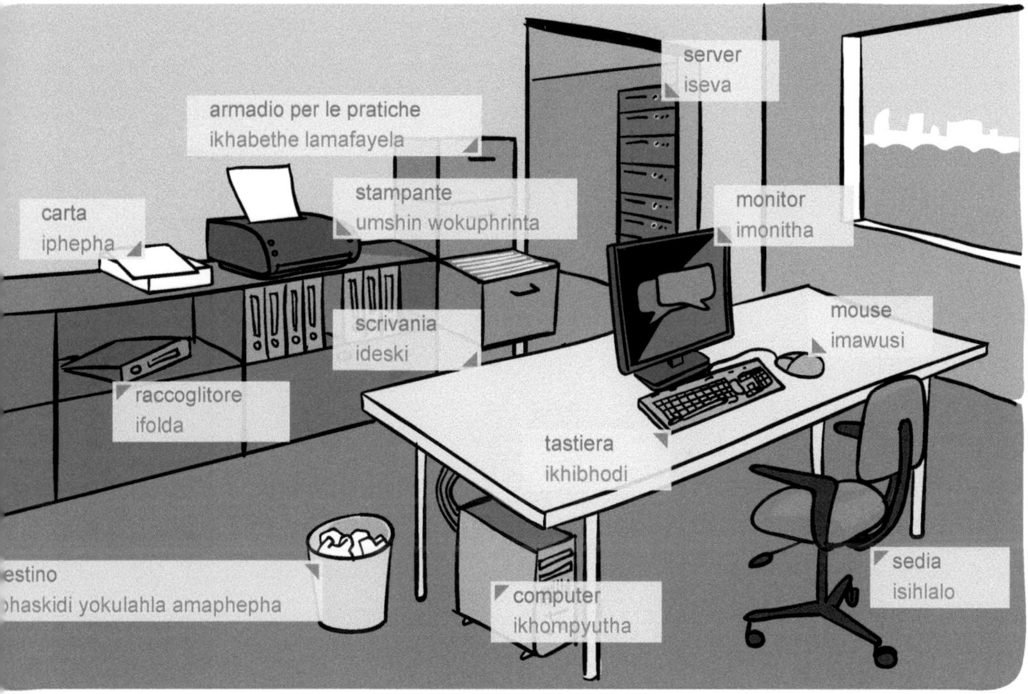

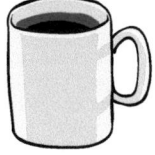

tazza da caffè

imagi yekhofi

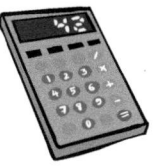

calcolatrice

ikhalkhuletha

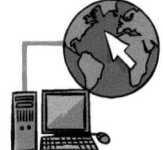

internet

i-inthanethi

portatile

ilephuthophu

lettera

incwadi

messaggio

umyalezo

cellulare

ifoni

rete

inethiwekhi

fotocopiatrice

ifothokhophi

software

i-software

telefono

ucingo

spina

indawo yokupulaka

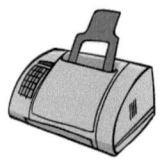

fax

umshini wokufeksa

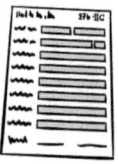

modulo

ifomu

documento

idokhumenti

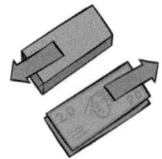

comprare
....
thenga

pagare
....
khokha

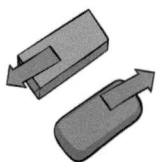

commerciare
....
shintshana

soldi
....
imali

dollaro
....
idola

euro
....
i-euro

yen
....
iyen

rublo
....
i-rouble

franco svizzero
....
iSwiss franc

renminbi yuan
....
i-renminbi yuan

rupia
....
i-rupee

bancomat
....
umshini wokukhipha imali

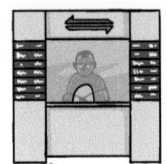

uffico di cambio

i-bureau de change

oro

igolide

argento

isiliva

petrolio

amafutha

energia

amandla

prezzo

inani lemali

contratto

ukuxhumana

tassa

intela

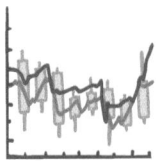

azioni

isitokwe

lavorare

sebenza

impiegato

isisebenzi

datore di lavoro

umqashi

fabbrica

ifekthri

negozio

esitolo

poliziotto
iphoyisa

vigile del fuoco
indoda ecisha umlilo

cuoco
pheka

medico
udokotela

pilota
umshayeli wezindiza

giardiniere

umuntu onakekela ingadi

falegname

umbazi

sarta

umthungi

giudice

ijaji

chimico

umuntu osebenza ekhemisi

attore

umlingisi

autista dell'autobus

umshayeli webhasi

tassista

umshayeli wetekisi

pescatore

indoda edoba izinhlanzi

donna delle pulizie

owesifazane ohlanzayo

copritetto

umuntu olungisa uphahla

cameriere

uweyita

cacciatore

umzingeli

pittore

umuntu opendayo

fornaio

umbhaki

elettricista

umuntu osebenza ngogesi

operaio edile

umakhi

ingegnere

unjiniyela

macellaio

indawo edayisa inyama

idraulico

umuntu osebenza
ngamapayipi

postino

indoda yaseposini

soldato

isosha

architetto

umdwebi wezakhiwo

cassiere

umbali wemali

fioraio

umuntu otshala izimbali

parrucchiere

umuntu owenza izinwele

controllore

umqondisi wasesitimeleni

meccanico

umakhenikha

capitano

ukaputeni

dentista

udokotela wamazinyo

scienziato

usosayensi

rabbino

urabi

imam

imam

monaco

indela

clerico

umfundisi

attrezzi
amathuluzi

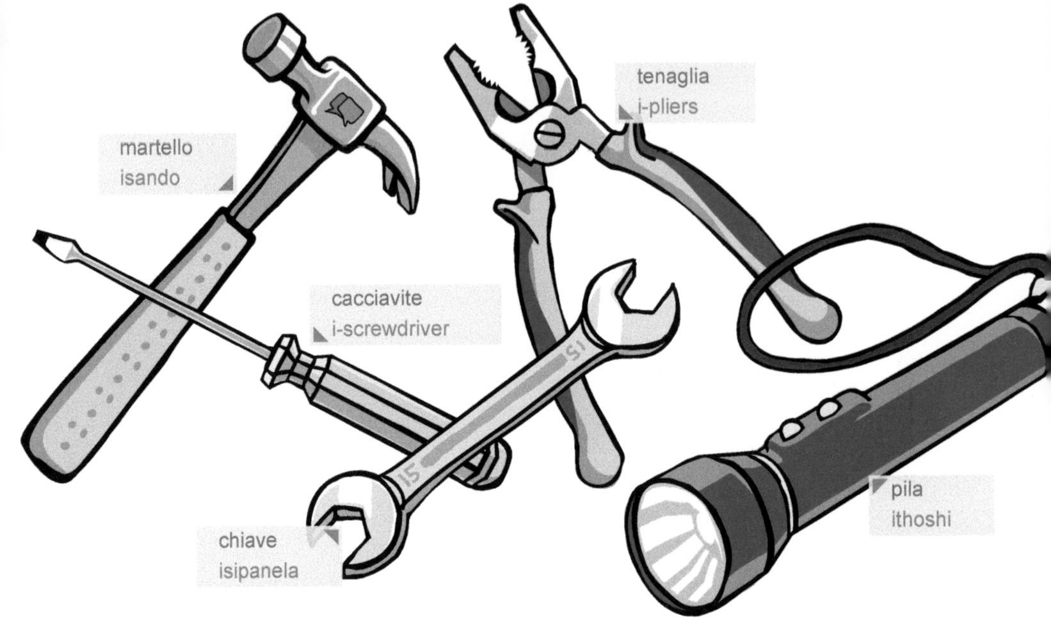

martello
isando
tenaglia
i-pliers
cacciavite
i-screwdriver
chiave
isipanela
pila
ithoshi

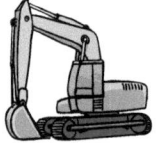

ruspa

umshini wokumba

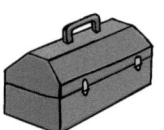

cassetta degli attrezzi

ibhokisi lamathuluzi

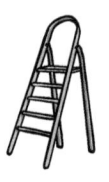

scala

isitebhisi

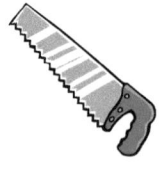

sega

isaha

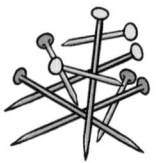

chiodi

izinzipho

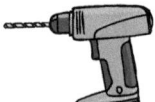

trapano

i-drill

riparare

lungisa

pala

ifosholo

Dannazione!

Damethi!

paletta per l'immondizia

idastipheni

barattolo di colore

ithini likapende

viti

i-screws

strumenti musicali

izinsimbi zomculo

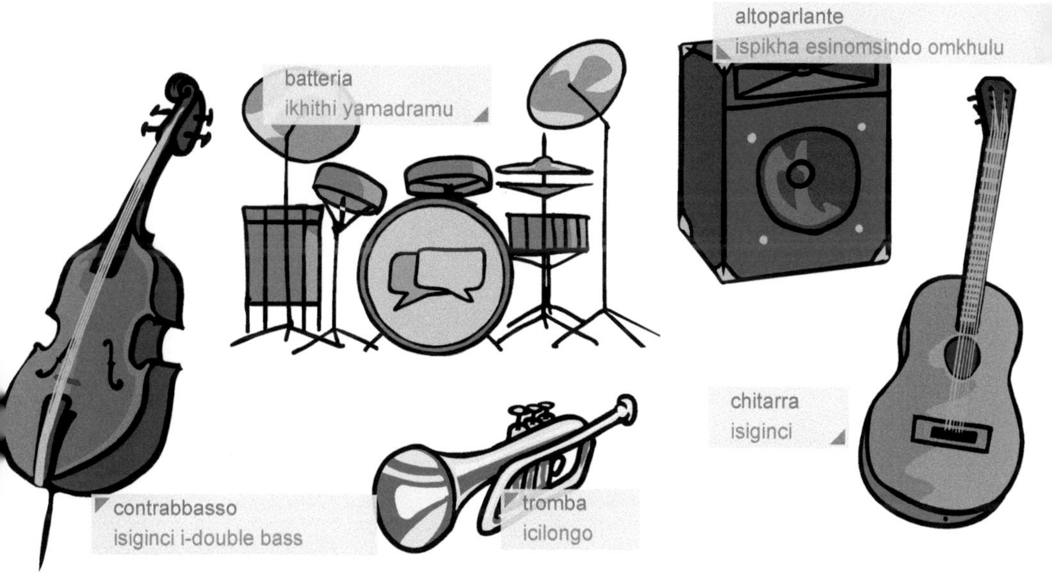

altoparlante
ispikha esinomsindo omkhulu

batteria
ikhithi yamadramu

chitarra
isiginci

contrabbasso
isiginci i-double bass

tromba
icilongo

pianoforte

ipiyano

violino

ivayolini

basso

i-bass

timpano

ithimpani

tamburo

amadramu

tastiera

i-keyboard

sassofono

i-saxophone

flauto

umtshingo

microfono

imakhrofoni

zoo
esiqiwini

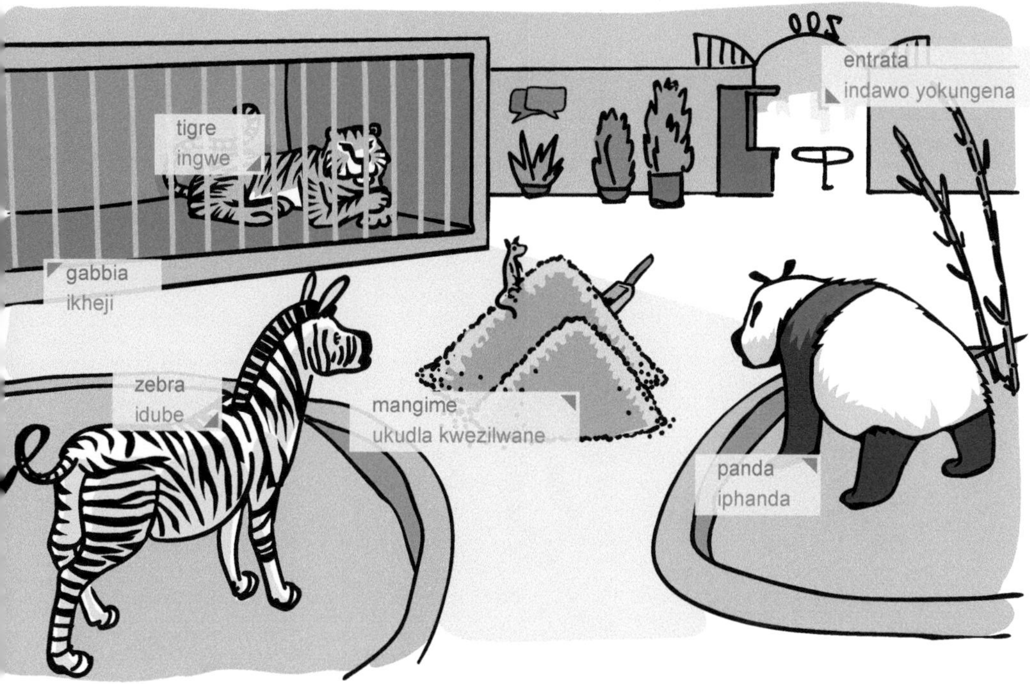

tigre
ingwe
entrata
indawo yokungena
gabbia
ikheji
zebra
idube
mangime
ukudla kwezilwane
panda
iphanda

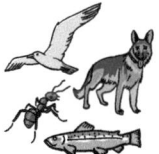

animali

izilwane

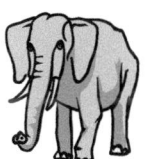

elefante

indlovu

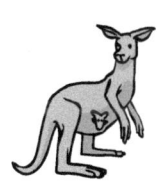

canguro

ikhangaru

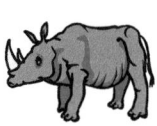

rinoceronte

ubhejane

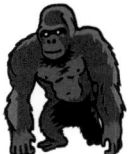

gorilla

igorila

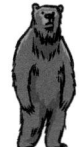

orso

ibhele

cammello

ikamela

struzzo

intshe

leone

ingonyama

scimmia

inkawu

fenicottero

i-flamingo

pappagallo

upholi

orso polare

ibhele laseqhweni

pinguino

iphenguwini

squalo

ushaka

pavone

ipigogo

serpente

inyoka

coccodrillo

ingwenya

guardiano

umgcini wezilwane

foca

isilwane saseqhweni

giaguaro

ijaguwa

pony
iponi

leopardo
ingwe

ippopotamo
imvubu

giraffa
indlulamithi

aquila
ukhozi

cinghiale
intibane

pesce
inhlanzi

tartaruga
ufudu

tricheco
i-walrus

volpe
ujakalase

gazzella
inyamazane igazele

football americano
ibhola lezinyawo laseMelika

ciclismo
umdlali webhayisikili

tennis
ithenisi

pallacanestro
ibhola lomnqankiswano

nuoto
ukubhukuda

pugilato
isibhakela

hockey su ghiaccio
i-ice hockey

calcio
ibhola lezinyawo

badminton
i-badminton

atletica leggera
abasubathi

palla a mano
ibhola lezandla

sciare
ukushushuluza

polo
ipolo

ridere
hleka

saltare
gxuma

abbracciare
haga

camminare
hamba

cantare
cula

sognare
phupha

pregare
thandaza

baciare
cabuza

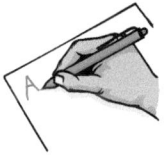

scrivre
bhala

disegnare
dweba

mostrare
bonisa

spingere
phusha

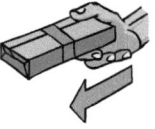

dare
nikeza

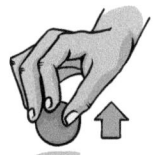

prendere
thatha

avere

yiba

fare

yenza

essere

yiba

stare (in piedi)

sukuma

correre

gijima

tirare

donsa

gettare

phonsa

cadere

yiwa

sdraiarsi

amanga

aspettare

linda

portate

thwala

sedere

hlala

vestirsi

gqoka

dormire

lala

svegliarsi

vuka

guardare

bukela

piangere

khala

accarezzare

qhweba

pettinare

kama

parlare

khuluma

capire

qonda

domandare

buza

ascoltare

lalela

bere

phuza

mangiare

idla

riordinare

coca

amare

thanda

cucinare

pheka

guidare

shayela

volare

ndiza

veleggiare

hamba ngomkhumbi

calcolare

bala

leggere

funda

imparare

funda

lavorare

sebenza

sposare

shada

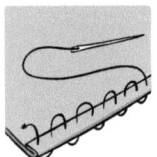

cucire

thunga

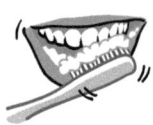

lavarsi i denti

geza amazinyo

uccidere

bulala

fumare

bhema

spedire

thumela

famiglia
umndeni

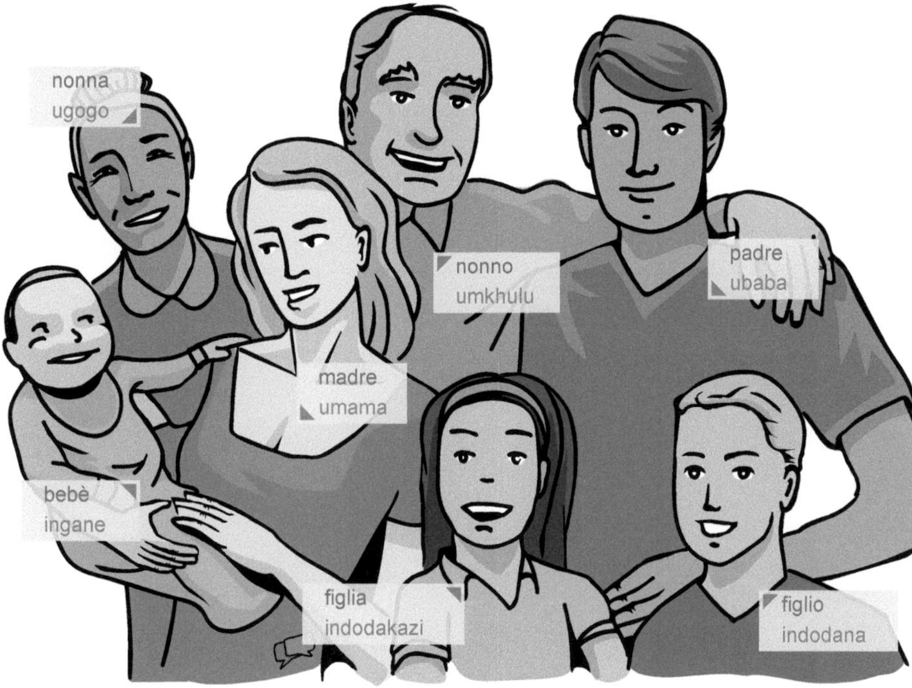
nonna
ugogo
nonno
umkhulu
padre
ubaba
madre
umama
bebè
ingane
figlia
indodakazi
figlio
indodana

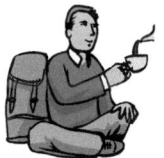

ospite

isivakashi

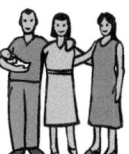

zia

u-anti

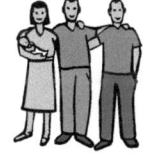

zio

umalume

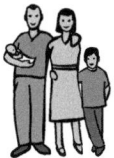

fratello

umfowethu

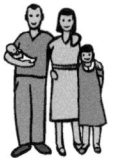

sorella

udadewethu

corpo
umzimba

fronte
isiphongo
occhio
amehlo
spalla
ihlombe
dito
umunwe
viso
ubuso
mento
isilevu
mano
isandla
gamba
umlenze
petto
amabele
braccio
ingalo

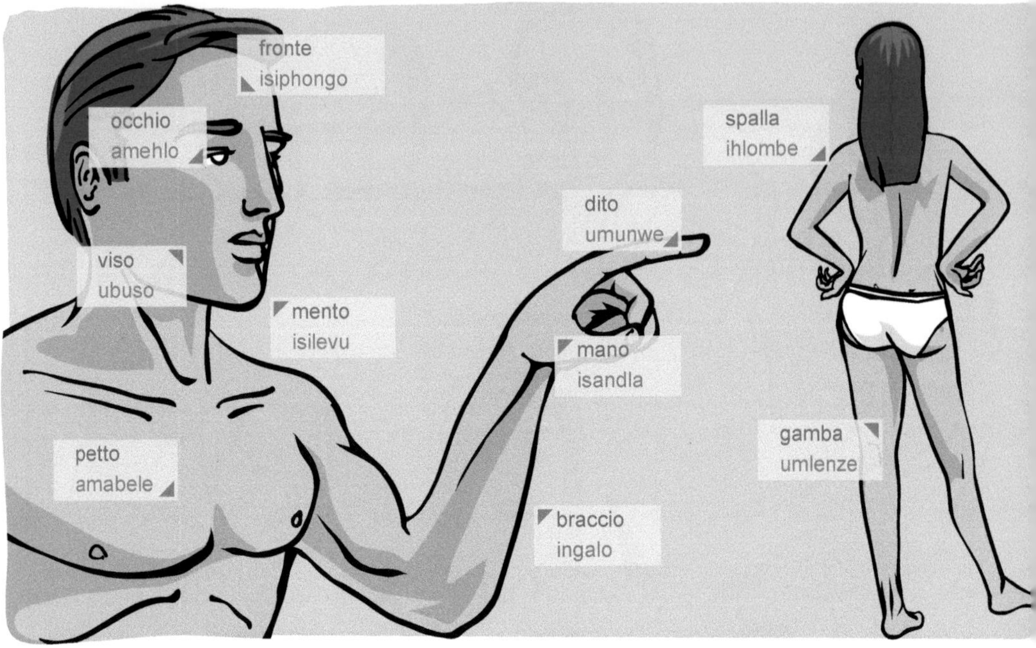

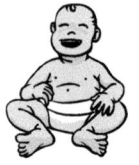

bebè
ingane

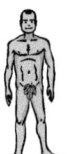

uomo
indoda

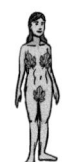

signora
owesifazane

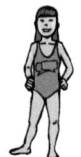

ragazza
intombazane

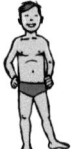

ragazzo
umfana

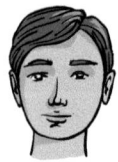

testa
ikhanda

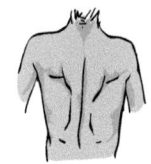

schiena

umhlane

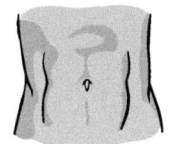

addome

isisu

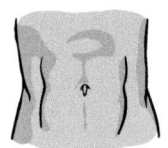

ombelico

inkaba

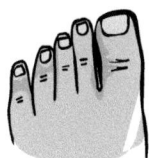

dito del piede

izinzwane

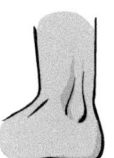

tallone

isithende

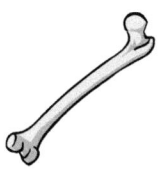

ossa

ithambo

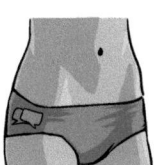

anca

inqulu

ginocchio

idolo

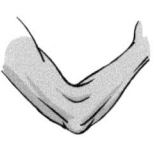

gomito

indololwane

naso

ikhala

sedere

ingenzansi

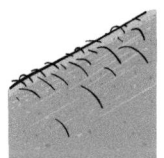

pelle

isikhumba

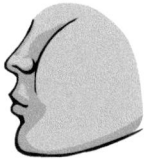

guancia

iziqhomo

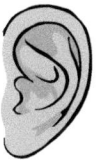

orecchio

indlebe

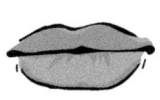

labbra

udebe

bocca

umlomo

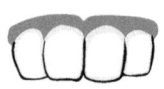

dente

amazinyo

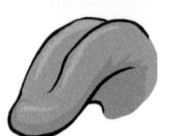

lingua

ulimu

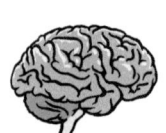

cervello

ingqondo

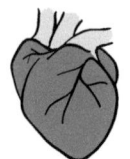

cuore

inhliziyo

muscolo

imasela

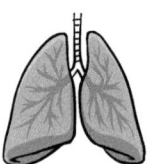

polmone

uphaphe

fegato

isibindi

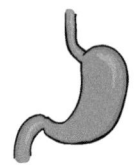

stomaco

isisu

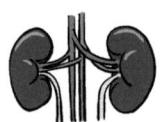

reni

izinso

rapporto sessuale

ucansi

preservativo

ikhondomu

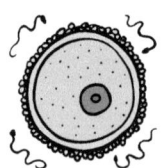

ovulo

iqanda

sperma

isidoda

gravidanza

ukukhulelwa

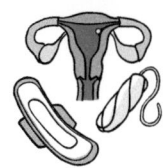

mestruazioni

ukuya esikhathini

vagina

imomozi

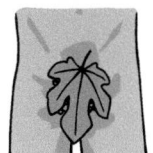

pene

umthondo

sopracciglio

ishiya

capelli

izinwele

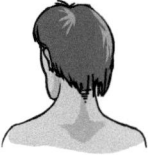

collo

intamo

ospedale
isibhedlela

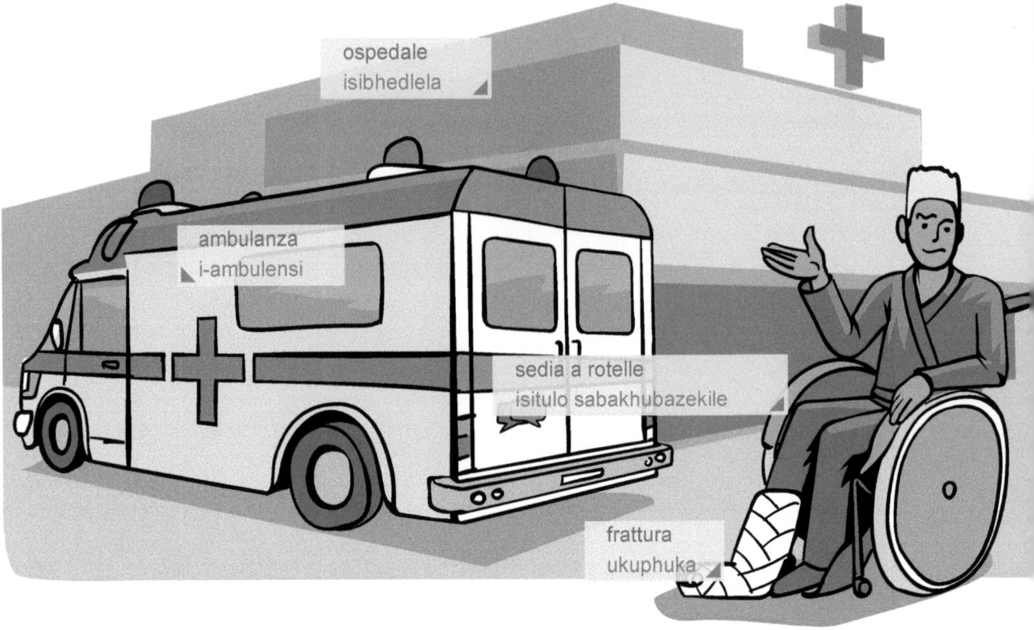

ospedale
isibhedlela
ambulanza
i-ambulensi
sedia a rotelle
isitulo sabakhubazekile
frattura
ukuphuka

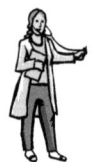

medico

udokotela

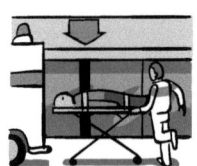

pronto soccorso

igumbi leziguli ezidinga ukwelashwa okuphuthumayo

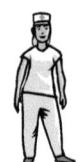

infermiera

umhlengikazi

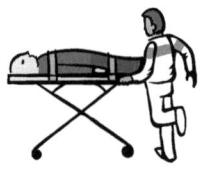

emergenza

izimo eziphuthumayo

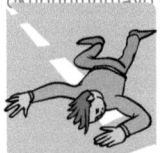

svenuto

ukuquleka

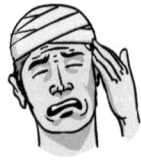

dolore

ubuhlungu

ferita

ukulimala

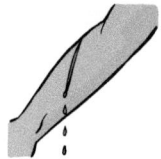

ferita

ukopha

infarto cardiaco

isifo senhliziyo

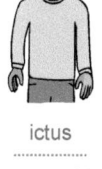

ictus

ukushaywa unhlangothi

allergia

ukungazwani komzimba
nezinto ezithile

tosse

ukukhwehlela

febbre

imfiva

influenza

umkhuhlane

diarrea

ukuhuda

mal di testa

ukuphathwa ikhanda

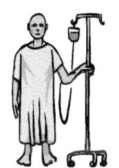

cancro

umdlavuza

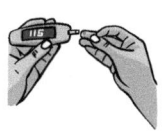

diabete

isifo sikashukela

chirurgo

udokotela ohlinzayo

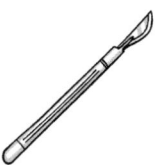

bisturi

isikalpheli

operazione

ukuhlinzwa

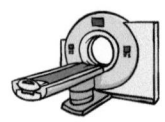

tomografia

CT

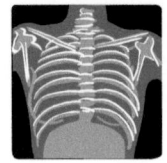

raggi x

i-x-ray

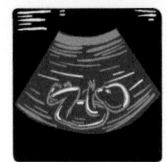

ecografia

i-ultrasound

mascherina

imaskhi yasebusweni

malattia

isifo

sala d'attesa

igumbi lokulinda

stampelle

izinduko zokuhamba

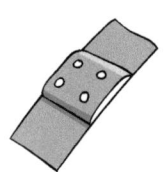

cerotto

iplasta

bendaggio

ibhandishi

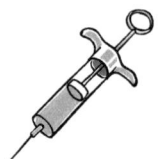

iniezione

umjovo

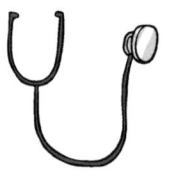

stetoscopio

izipopolo zikadokotela

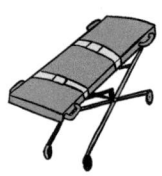

barella

i-stretcher

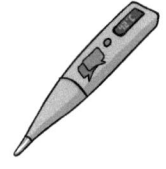

termometro

umshini okala izinga lokushisa

nascita

ukubeletha

sovrappeso

ukukhuluphala ngokweqile

apparecchio acustico

insizwa yokuzwa

disinfettante

ukungatheleleki

infezione

ukutheleleka

virus

ivariyasi

HIV / AIDS

HIV / AIDS

medicina

umuthi

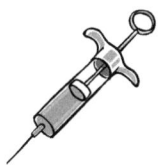

vaccino

umgomo

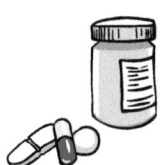

pastiglia

amaphilisi

pillola

amaphilisi

chiamata d'emegenza

ucingo oluphuthumayo

misuratore di pressione

umshini okala umfutho
wegazi

malato / sano

ukugula / ukuba umqemane

Aiuto!

Sizani!

allarme

i-alamu

aggressione

ukuhlasela

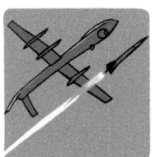

attacco

ukuhlasela

pericolo

ingozi

uscita d'emergenza

indawo yokubalekela
ngaphansi kwezimo
eziphuthumayo

fuoco!

Umlimo!

estintore

isicimamlilo

incidente

ingozi

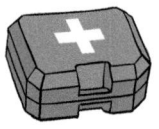

kit di primo soccorso

ikhithi yosizo lokuqala

SOS

SOS

polizia

amaphoyisa

Europa

Europe

Nord America

North America

Sud America

South America

Africa

Africa

Asia

Asia

Australia

Australia

Atlantico

Atlantic

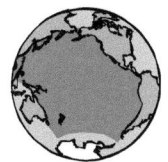

Pacifico

Pacific

Ocenao indiano

Indian Ocean

Oceano antartico

Antarctic Ocean

Oceano artico

Arctic Ocean

Polo nord

North Pole

Polo sud

South Pole

Antartico

Antarctica

terra

Umhlaba

paese

umhlaba

Mare

izilwandle

isola

isiqhingi

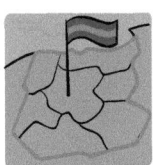

nazione

izwe

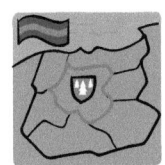

stato

inhlangano engokomthetho

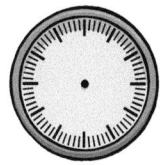

quadrante

ubuso bewashi

lancetta delle ore

isandla sehora

lancetta dei minuti

isandla semizuzu

lancetta dei secondi

isandla sesibili

Che ore sono?

Ubani isikhathi?

giorno

usuku

tempo

isikhathi

ora

manje

orologio digitale

iwashi lezibalo

minuto

umzuzu

ore

ihora

settimana
iviki

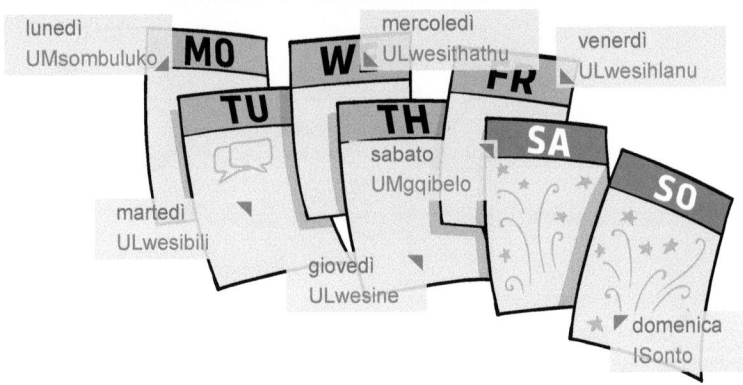

lunedì
UMsombuluko

MO

W
mercoledì
ULwesithathu

venerdì
ULwesihlanu

TU

TH
sabato
UMgqibelo

SA

SO

martedì
ULwesibili

giovedì
ULwesine

domenica
ISonto

ieri
izolo

oggi
namhlanje

domani
kusasa

mattino
ekuseni

mezzogiorno
emini

sera
ntambama

MO	TU	WE	TH	FR	SA	SU
1	2	3	4	5	6	7
8	9	10	11	12	13	14
15	16	17	18	19	20	21
22	23	24	25	26	27	28
29	30	31	1	2	3	4

gioni feriali
izinsuku zeviki

MO	TU	WE	TH	FR	SA	SU
1	2	3	4	5	6	7
8	9	10	11	12	13	14
15	16	17	18	19	20	21
22	23	24	25	26	27	28
29	30	31	1	2	3	4

fine settimana
impelasonto

pioggia
imvula

arcobaleno
uthingo

neve
ukukhithika kweqhwa

vento
umoya

primavera
ithwasahlobo

autunno
ikwindla

estate
ihlobo

inverno
ubusika

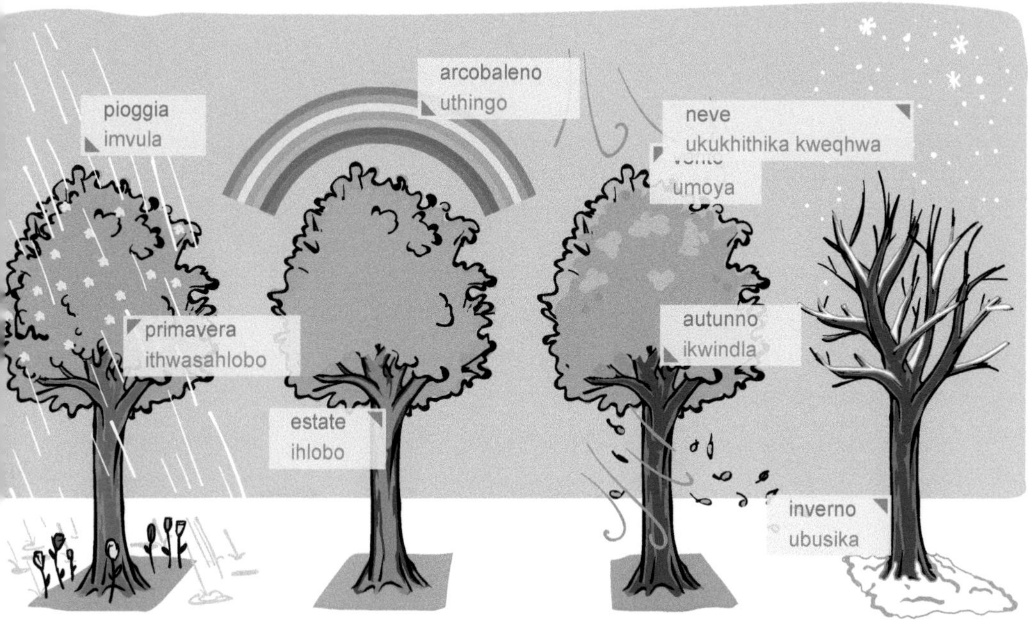

previsioni del tempo

isimo sezulu

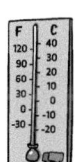

termometro

umshini wezinga lokushisa

raggio di sole

ukushisa kwelanga

nuvola

amafu

nebbia

inkungu

umidità

umswakama

lampo

ummbani

tuono

ukuduma kwezulu

tempesta

isiphepho

grandine

isichotho

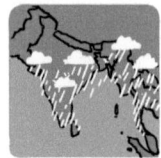

monsone

imvula enkulu

marea

izikhukhula

ghiaccio

iqhwa

gennaio

UMasingana

febbraio

UNhlolanja

marzo

UNdasa

aprile

UMbasa

maggio

UNhlaba

giugno

UNhlangulana

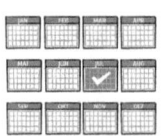

luglio

UNtulikazi

agosto

UNcwaba

anno - unyaka

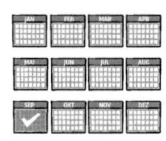

settembre

UMandulo

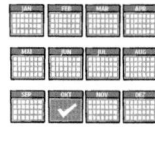

ottobre

UMfumfu

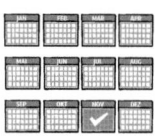

novembre

ULwezi

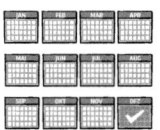

dicembre

UZibandlela

forme

amasheyphu

cerchio

indilinga

quadrato

isikwele

rettangolo

unxande

triangolo

unxantathu

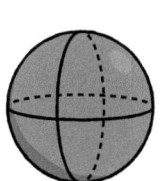

sfera

i-sphere

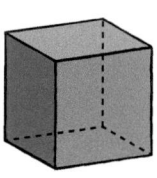

cubo

i-cube

bianco

kumhlophe

giallo

kuphuzi

orancione

ku-olenji

fucsia

kuphinki

rosso

kumbomvu

lilla

kuphephuli

blu

kuluhlaza
okwesibhakabhaka

verde

kuluhlaza

marrone

kubhrawuni

grigio

kuphashile

nero

kumnyama

molto / poco

kakhulu / kancane

arrabbiato / tranquillo

ukucasuka / ubumnene

bello / brutto

ubuhle / ububi

inizio / fine

isiqalo / isiphetho

grande / piccolo

kukhulu / kuncane

chiaro / scuro

kuyakhanya / kumnyama

fratello / sorella

umfowethu / udadewethu

pulito / sporco

ukuhlanzeka / ukungcola

completo / incompleto

ukuphelela / ukungapheleli

giorno / notte

imini / ubusuku

morto / vivo

ukufa / ukuphila

largo / stretto

ukuvuleka / ukunyinyeka

commestibile / immangiabile

....

okudliwayo / okungadliwa

cattivo / buono

....

ukukhohlakala / umusa

eccitato / annoiato

....

ukujabula / isithukuthezi

grasso / magro

....

ukunona / ukuzaca

primo / ultimo

....

ukuqala / ukugcina

amico / nemico

....

umngane / isitha

pieno / vuoto

....

ukugcwala / ukuphela

duro / morbido

....

ubunzima / ukuthamba

pesante / leggero

....

ukusinda / ukubalula

fame / sete

....

ukulamba / ukoma

malato / sano

....

ukugula / ukuba umqemane

illegale / legale

....

ngokomthetho / okungekho
emthethweni

intelligente / stupido

....

ukuhlakanipha /
isiphukuphuku

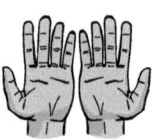

sinistra / destra

....

isinxele / esokudla

vicino / lontano

....

eduze / kude

nuovo / usato

kusha / sekusebenzile

niente / qualcosa

utho / okuthile

vecchio / giovane

okudala / okusha

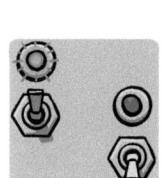

acceso / spento

vuliwe / kucishiwe

aperto / chiuso

vula / vala

silenzioso / rumoroso

kuthulekile / kunomsindo

ricco / povero

ukuceba / ubumpofu

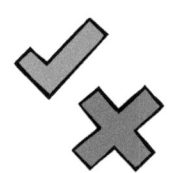

giusto / sbagliato

kulungile / akulungile

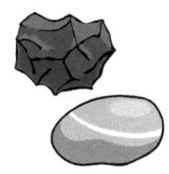

ruvido / liscio

kugadlazekile / kuyashelela

triste / felice

dabuka / jabula

corto / lungo

kufishane / kude

lento / veloce

kuyanensa / kuyashesha

bagnato / asciutto

ukuba manzi / ukoma

caldo / fresco

ukufudumala / ukuphola

guerra / pace

ukulwa / ukuthula

0

zero

uziro

1

uno

kunye

2

due

kubili

3

tre

kuthathu

4

quattro

kune

5

cinque

kuhlanu

6

sei

isithupha

7

sette

isikhombisa

8

otto

isishiyagalombili

9

nove

isishiyagalolunye

10

dieci

ishumi

11

undici

ishumi nanye

12

dodici

ishumi nambili

13

tredici

ishumi nantathu

14

quattordici

ishumi nane

15

quindici

ishumi nanhlanu

16

sedici

ishumi nesithupha

17

diciassette

ishumi nesikhombisa

18

diciotto

ishumi nesishiyagalombili

19

diciannove

ishumi nesishiyagalolunye

20

venti

amashumi amabili

100

cento

ikhulu

1.000

mille

inkulungwane

1.000.000

milione

izigidi

Inglese

isiNgisi

Inglese americano

isiNgisi saseMelika

Cinese mandarino

isiMandarin saseShayina

Hindi

isiHindi

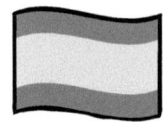

Spagnolo

iSpanishi

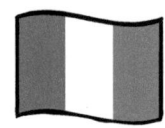

Francese

isiFulentshi

Arabo

isi-Arabhu

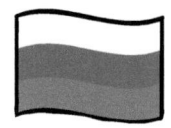

Russo

isiRashiya

Portoghese

isiPutukezi

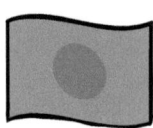

Bengalese

isiBengali

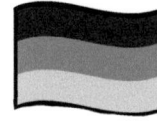

Tedesco

isiJalimane

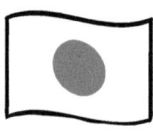

Giapponese

isiJapane

io

Mina

tu

wena

lui /lei

u / u / ku

noi

thina

voi

nina

loro

bona

chi?

ubani?

cosa?

ini?

come?

kanjani?

dove?

kuphi?

quando?

nini?

nome

igama

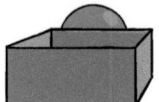

dietro

ngemuva

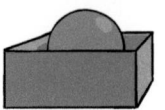

in

ngaphakathi

davanti

phambi kwe

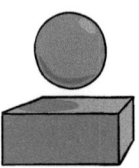

oltre

phezulu

sopra

ngaphezulu

sotto

ngaphansi

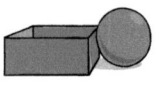

accanto

eceleni

fra

phakathi

località

indawo